AF586952

LETTRE DV ROY AV PETIT CACHET ENVOYEE aux Peres de la Congregation de Chesalbenoist, par laquelle il leur est commandé tenir leur Chapitre General à Bourges en l'Abbaye de sainct Sulpice, membre dependant de ladite Congregation.

DE PAR LE ROY.

CHERS & bien aymez, le soing que Nous prenons de tenir la main autant qu'à Nous, est à ce que les Religieux qui sont en nostre Royaume viuent conuenablement à leur Profession & Reigle, Nous a faict prendre cognoissance en nostre Conseil de ce qui regarde nostre Congregation, pour le bien de laquelle Nous jugeons à propos que vous teniez vn Chapitre General au plustost : NOVS Vous ordonnons doncques de le conuoquer pour le troisiesme Dimanche d'apres Pasques, & de le tenir lors en l'Abbaye sainct Sulpice lez nostre ville de Bourges, à quoy vous ne ferez faute, Car tel est nostre plaisir. DONNÉ à Chantilly, le dix-huictiesme iour de Mars, l'an mil six cens trente-cinq. Signé, LOVIS, Et plus bas, BOVTILLIER, & scellé de cire rouge sur simple queuë, Et sur le reply est escript; A nos Chers & bien-amez, les Visiteur, Abbez & Religieux de la Congregation de Chesalbenoist.

Collation de la presente coppie a esté faite à son Original sain & entier par moy Notaire Royal resident à Bourges, soubs-signé, auquel il a esté representé, & à l'instant rendu auec la presente, pour seruir ce que de raison. Faict à Bourges en l'estude dudit Notaire, le vingt-troisiesme Auril mil six cens trente-cinq apres midy, presence noble François Mercier Aduocat au siege Presidial, & Estienne Prat marchand à Bourges, tesmoins: Ledit Prat à dit ne sçauoir signer.

MERCIER. MYNEREAV.

Collationné à l'original par nous Notaires Royaux soubs-signeZ Faict ce iour de mil six cens trente-six.

Signification de la susdite Lettre.

AV IOVRD'HVY Ieudy dix-neufiesme d'Auril mil six cens trente cinq, heures de neuf heures attendant dix du matin, en la presence du Notaire Royal resident à Bourges, soubs-signé, & tesmoins cy apres nommez, Maistre Anthoine Foucault demeurant en cette ville de Bourges, au nom & comme soy disant auoir charge & pouuoir de Maistre Biet, Lieutenant general au Baillage, & Iuge Presidial de Bourges, s'est transporté au Conuent & Abbaye sainct Sulpice lez Bourges, auquel lieu parlant à Religieuse personne Frere Iacques Hirbect, Prieur Claustral de ladite Abbaye, pour l'absence du Reuerend Pere Abbé d'icelle, il l'auroit requis, sommé & interpellé de receuoir vne Lettre de sa Majesté, cachettée en placard sur simple queuë de cire rouge, addressante à Nos chers & bien-amez, les Visiteur, Abbez & Religieux de la Congregation de Chesalbenoist, & luy en donner bonne & valable descharge, & laquelle il a dict auoir offerte audit Reuerend Pere Abbé dudit sainct Sulpice dés le neufiesme du present mois, lequel ne voulust luy en donner descharge, à raison de quoy il ne luy auroit delaissée, lequel Pere Hirbect satisfaisant à ladite sommation, a faict responce qu'il a interest auparauant que de recepuoir ladite Lettre, & en donner descharge, de faire assembler tous les Religieux de ladite Abbaye, pour satisfaire à ladite sommation, comme de faict apres auoir faict assembler partie des Religieux, auroit receu icelle Lettre, & par ces presentes en a donné descharge audit Foucault: Et d'autant que le Reuerend Pere Abbé de Chesalbenoist & premier Conuisiteur general de ladite Congregation & Visiteur de ladite Maison & Abbaye sainct Sulpice est audit Conuent, il a declaré que le contenu en icelle luy doit estre signifié: & apres auoir iceluy faict appeller, luy auroit faict lecture d'icelle, afin que du contenu en icelle il n'en pretende cause d'ignorance, & luy auroit icelle mise entre les mains, dont & du tout a esté dressé le present acte, ce requerant ledit Foucault & Pere Prieur dudit sainct Sulpice. Faict au Conuent & Chapitre de ladite Abbaye ledit iour & an heure susdite, presence de Michel Verny & Iulien Beauchamp seruiteur domestique dudit Conuent, tesmoins. La minutte est signée dudit Foucault, Hirbect, Rouïllard Abbé dudit Chesalbenoist & tesmoins, auec ledit Notaire soubs-signé. Ainsi signé, MINEREAV.

Collationné à l'original par nous Notaires Royaux soubs-signez Faict ce iour de mil six cens trente-six.

PROCEZ VERBAL

DV REVEREND PERE BOVRnon, visiteur general de la Congregation de Chesalbenoist reformée en France, faict en l'Abbaye de sainct Vincent du Mans Ordre de sainct Benoist, membre dependant de la Congregation de Chesalbenoist, au cours de sa visite, contre certains Religieux refractaires à ses Ordonnances.

L'AN mil six cens trente cinq, ce iourd'huy trente & vniesme Octobre, Nous Frere Iean Bournon, humble Abbé de sainct Hallyre, & Visiteur general de la Congregation de Chesalbebenoist, estant arriué en nostre Maison de sainct Vincent du Mans, pour l'execution de nostre Obedience de Visiteur general, serions transporté au Chapitre de ladite maison, où se seroient trouuez le Venerable Pere Abbé, le Pere Prieur, & toute la Communauté, laquelle aprés auoir exhortée à son deuoir en l'obeissance des vœux, & promesses qu'ils ont faites à la Congregation de Chesalbenoist: Declaré que i'estois arriué en ceste maison pour faire mon acte de visite, & pour cét effet exhorté vn chacun de me dire, & remonstrer charitablement tout ce qu'ils trouueroient bon pour le maintien de la reforme de ladite Congregation, voire d'vne plus estroite: & en suite de ce, commandé à Venerable Pere Abbé, Pere Prieur, & à tous les Religieux de m'apporter toutes les clefs qu'ils pouuoient auoir de leurs chambres, officiers & autres, à quoy auroit promptement obey le Venerable Pere Abbé, Pere Prieur, & autres, fors & excepté Freres Nicolas Prud'hômeau, Noël Drouard,

Pierre Hardouineau, Mathurin Fourault, Nicolas Boisseau, François Musserotte, Ioseph Ribot, François Ysambart, & Iean le Royer, lesquels se seroient tous leuez, & parlant par la bouche de Frere Nicolas Prudhommeau, m'auroient declaré qu'ils s'opposoient à mon acte de visite, & ne vouloient me donner leurs clefs comme les autres Religieux: sur quoy nous leur aurions demandé s'ils n'estoient pas Religieux de la Congregation de Chesalbanoist, s'ils ne sçauoient pas que ie fusse Visiteur general de ladite Congregation, de quoy ne pouuant tirer response, ie leur aurois enioint, en vertu de saincte obedience, de mettre les clefs qu'ils pouuoient auoir entre mes mains, conformément à mon ordonnance, ce qu'ils auroient refusé faire: sur quoy leurs aurions reiteré nos commandemens, & commandé de nous obeir, à peine de rebellion manifeste, ce qu'ils n'ont voulu faire, pourquoy d'abondant leur aurions enioient, à peine d'excommunication, & des peines portees par nos statuts, à quoy ils n'auroient encores voulu obeir, ains au contraire, sont sortis en trouppe du Chapitre, & quelques commandemens que ie leur aye peu faire, ils s'en sont allez. Ce que considerant, & que cette rebellion est en suite d'autres rebellions souuent reiterées aux commandemens du Venerable Pere Abbé de cette maison, comme nous auons recogneu par le procez verbal d'iceluy du vingtvniesme du present mois, & que cela tendoit à la ruine totale de la discipline reguliere: Nous auons faict dresser le present procez verbal pour estre par nous ordonné ce que de raison: & iceluy fait attester par le Venerable Pere Abbé, Pere Prieur, & Senieurs de cette maison, Et de nostre Scribe, ainsi signé Bournon, Visiteur general: G.Richer, humble Abbé: Frere Pierre Moulay: Frere Denys le Chartier, Frere Noël Ia[illegible]y, Frere R. Vetillard, & Astier adjoint.

Vr quoy sçauoir faisons, que veu par nous Frere Iean Bournon, humble Abbé de sainct Halire, & Visiteur general de la Congregation de Chesalbenoist, Nostre susdit procez verbal de ce iour, toutes les desobeissances & rebellions faites à nos commandemens, par Frere Nicolas Prudhommeau, Noel Drouard, Pierre Hardouineau, Mathu-

rin Fourault, Nicolas Boisseau, François Musserotte, Ioseph Ribot, François Ysambart, & Iean Royer, tous Religieux Profez de cette Maison & Abbaye de sainct Vincent. Veu pareillement autre procez verbal du Venerable Pere Richer Abbé de cette Maison, du vingt-vniesme du present mois d'Octobre, contenant autres & semblables desobeissances & rebellions à luy faites par lesdits Prudhommeau, Hardouineau, Muserotte, Boisseau, Drouard, Royer & Fouraut. Et veu pareillement le Chapitre vingt-vniesme de la Regle de nostre Pere S. Benoist, & le Satut, *De correctione culparum*, Chapitre cinquante-quatre: & tout ce qui est à voir & considerer, aprés auoir inuoqué le nom de Dieu, Nous Conformément à ladite Regle, & audit Statut, auons declaré & declarons lesdits Freres Nicolas Prudhommeau, Noel Drouard, Pierre Hardouineau, Mathurin Fourault, Nicolas Boisseau, François Musserotte, Ioseph Ribot, François Ysambart, & Iean Royer, rebelles manifestes & coutumaces, Et ordonné qu'ils seront mis en prison pour y viure au pain & à l'eau l'espace de huict iours, pendant lequel temps leurs commandons de reciter à genoux tous les iours le Rozaire de la Vierge, sauf pour le bien de cette Maison, & de toute la Congregation, à ordonner cy-aprés de leur translation par obedience, & autres maisons, ainsi que nous aduiserons estre à faire, Et enioint au Venerable Pere Abbé, Pere Prieur, & tous autres Religieux, de nous prester main forte pour l'execution de nostre presente sentence, donnée en nostre dite Maison & Abbaye de sainct Vincent, y faisant nostre visite par nous Abbé, & Visiteur general susdit, ce dernier Octobre mil six cens trente cinq. Ainsi signé I. Bournon, Visiteur general, & Astier adioint.

ET le mesme iour nous sommes transportez dans le Chapitre de nostre dite maison de sainct Vincent du Mans, & ce aprés auoir fait sonner le timbre à la maniere accoustumée, dans lequel Chapitre seroient comparus le Venerable Pere Abbé, & autres Religieux, fors excepté le susdit Prudhommeau, Drouard, Hardouyneau, Royer, Musserotte, Fourault, Boisseau, Ribot, & Ysembart, lesquels nous aurions mandé querir par Freres Robert Vetillard & René Rousseau, lesquels nous ont rapportez en presence de la Compagnie, que les susdits Religieux leur auoient faict responce, qu'ils ne nous vouloient obeïr, & ne nous recognoissoient point, ainsi qu'ils m'auoient declaré cy deuant dans le mesme Chapitre : Surquoy aurions commandé à nostre Adjoinct de lire la sentence donnée par Nous contre les susdits Religieux rebelles, & enjoinct aux venerable Pere Abbé, Pere Prieur, & autres de Nous prester main forte pour l'execution de nostredite sentence, auquel commandement & injonction le Venerable Pere Abbé nous auroit remonstré que lesdits Religieux rebelles estoient en nombre de neuf, & estoient attrouppez par ensemble, afin de resister à n'obeyr à nos commandemens : & comme s'estoient des Religieux n'ayant la crainte de Dieu deuant les yeux, qu'ils pourroient commettre quelque scandale à l'endroict de leur personne, & qu'il seroit plus à propos de s'assister du bras seculier : A quoy i'aurois acquiescé, & pour cet effect presenté requeste au sieur Lieutenant general de la ville du Mans, & ay interpellé Monsieur le Procureur du Roy se joindre auec Nous pour faire executer nostre susdite Ordonnance, ce que ledit Sieur auroit fait & ledit sieur Lieutenant general, apres auoir leu l'acte de mon institution de Visiteur, l'Arrest du Conseil, par lequel il luy est enjoinct de nous assister, & mettre le susdit procés verbal auec nostre sentence au pied en execution, ainsi qu'il paroist par sondit procés verbal : Auroit enioint à cinq ou six Ministres de Iustice d'executer, tant nostre susdite sentence, qu'autres que nous pourrions faire en suite, desquels Ministres ne nous serions voulu seruir pour l'heure, attendu que lesdits Religieux rebelles se seroient refugiez dans l'Eglise, iurant & protestant que le premier qui les aborderoit ils feroient du sang, ou qu'ils s'en feroient à eux mesmes : pour pollution d'icelle, ce que considerant, nous aurions differé l'execution de nostredite sentence, tant pour le respect que nous deuons aux lieux sacrez, que sous l'esperance qu'à vn iour de bonne feste, telle qu'est la feste de Toussaincts, Dieu les toucheroit au cœur, & ils viendroient à se reconnoistre, & neantmoins de toutes les susdites rebellions, iuremens & blasphemes,

mes, auons fait dreffer ce procez verbal, pour iceluy confiderer eftre ordonné ce que de raifon, & attefter par le Venerable P. Abbé, Prieur & Senieurs, & René Rouffeau, comme ayant efté enuoyé par nous pour leur cômander de venir au Chapitre pour obeïr à nos commandemens, lequel nous a rapporté qu'ils n'en vouloient rien faire. Faict ce iour & an que deffus, ainfi figné I. Bournon, Vifiteur general, G. Richer, Fr. P. Moulay, le Chartier, Fr. N. Iary, Fr. R. Vetillard, Fr. R. Rouffeau, & Aftier, adiont.

ET le premier iour de Nouembre fur les quatre heures de releuées, & aprés les Vefpres dites & celebrées, nous nous ferions transportez auec noftre Adioint vers l'endroit de l'Eglife, où les fufdits Religieux rebelles fe font retirez entrouppe, & où ils ont paffé toute la nuict, lefquels nous aurions admoneftez de rechef de recognoiftre le mauuais eftat de leur confcience auquel ils eftoient, & iceux exhortez de rentrer en eux-mefmes, afin que nous excitez d'vne paternelle charité, nous les puiffions remettre au droict chemin de la Religion, duquel ils fe font defuoyez par leurs rebellions & defobeiffances tant de fois reïterées, & en ce faifant leur aurions enioint, par vertu de faincte obedience de nous fuiure, pour les conduire là où nous aurions ordõné eftre faict, & attendu qu'ils ne s'eftoient voulu trouuer au Chapitre, pour entendre la lecture de noftre fentence, nous la leur auons fait lire & prononcer par noftredit adioint; & d'autant qu'ils n'y ont voulu obeïr, & fait refus de nous fuiure, nous auons enioint aux Huiffiers & Sergens, que Monfieur le Lieutenant general de cette ville nous a baillé pour main forte pour l'execution de noftre fentence, d'icelle mettre prefentement en execution, & en ce faifant, & pour le refus qu'ont faict & font lefdits Prudhommeau, Drouard, Hardouyneau, Boiffeau, Fourault, Mufferotte, Royer, Ifembart & Ribot, les mettre & conftituer prifonniers és prifons de ladite Abbaye, & à celle fin que cette action fe fit fans fcandale, nous auons creu que la prefence de Monfieur le Lieutenant Particulier, en l'abfence de Monfieur le Lieutenant General feroit neceffaire, c'eft pourquoy l'auons faict prier de nous assister, & faire executer nostre dite sentence en sa presence, conformément à l'Arrest de Nosseigneurs du Grand Conseil, ce qu'il nous a accordé, & s'est transporté en cettedite nostre Maison, où estant arriué, ie me suis transporté auec ledit sieur Lieutenant Particulier, & Procureur du Roy à l'endroit de l'Eglise où estoient les Religieux rebelles, ou en presence desdits sieurs Lieutenant Particulier & Procureur du Roy, ie les aurois exhorté à l'obeïssance, & declaré que la creance que i'auois, que le merite de tous les Saincts auroiant merité de Dieu quelque grace pour les faire recognoistre, & les obliger à m'obeïr, m'auoit fait differer l'execution de nostredite sentence que ie leur ay prononcee, que maintenant ie leur commandois de me suiure & obeir, ce qu'ils auroient refusé de faire, nonobstant les charitables remonstrances que leur en auoit fait Mr le Lieutenant particulier & Mr le Procur. du Roy, lequel auroit demeuré auec eux toute la matinée, & toute l'apresdinée pour leur persuader de m'obeïr, à quoy ils n'auroient rien profité; ce que voyant, i'aurois supplié ledit sieur Lieutenant particulier, enioindre aux Ministres de Iustice d'executer madite ordonnance, ce qu'ils auroient faict, & en mesme instant les Sergens se seroient saisis de leurs personnes, & conduits par force & violence dans trois grandes chambres, nommées les Hostelleries, dans lesquelles il y a deux grands licts bien garnis, & dans chacune desquelles i'ay faict mettre trois desdits Religieux rebelles, & à la mesme heure fait apporter tout ce qu'ils m'ont demandé pour leur necessité, dequoy, & de tout ce que dessus, auons faict dresser nostre procez verbal, pour seruir ainsi que de raison. Fait ce premier Nouembre mil six cens trente cinq. Ainsi signé I. Bournon, Visiteur general: Astier, adioint.

ET le lendemain second iour du present mois, enuiron l'heure de neuf heures du matin, pendant l'heure de la grande Messe où i'estois assistant, on me seroit venu aduertir que les Religieux que i'auois mis prisonniers, auoient rompu leurs prisons, & qu'on les auoit veu promener au dessus de la chambre où ie les auois constituez prisonniers, pour dequoy estre asseuré, ie me serois assisté du pere

Zacharie Regnault, que i'aurois fait sortir du seruice, & de mon Adioint, & me serois transporté auec eux au par dessus la chambre desdits Religieux prisonniers, qu'on nomme les galetas, où aprés auoir fait vne exacte recherche, i'aurois rencontré le planché percé d'vn trou suffisant pour y passer vne personne, tout freschement faict, & où il parroissoit que quelqu'vn auoit passé par ledit trou, & de là seroit descendu dans la chambre, sur laquelle respondoit ledit trou, & dans laquelle estoient prisonniers François Musserotte, Mathurin Fourault & Nicolas Boisseau, en laquelle ayant fait perquisition comme quoy ce trou se pourroit estre faict : aprés auoir interrogé lesdits Religieux, qui m'ont declaré ne sçauoir que c'est, & n'auoir bougé de leur chambre, i'aurois trouué qu'on seroit monté par dessus des fagots qui sont dans la descharge de ladite chambre, & trouué par là qu'on auoit faict ledit trou freschement, comme il a paru par la terre qui s'est trouuée sur lesdits fagots, dequoy, & de tout ce que dessus, auons fait dresser ce present procez verbal par ledit Pere Zacharie Regnault, & nostre adioint, pour iceluy consideré estre ordonné ce que de raison. Faict ce second Nouembre mil six cens trente cinq, Ainsi signé I. Bournon, Visiteur general, F. Z. Regnaut, & Astier Adioint.

VEv par nous Frere Iean Bournon, Abbé de sainct Hallire, & Visiteur general de la Congregation de Chesalbenoist, nostre susdit procez verbal, par lequel il paroist de la fracture des prisons, faites par Freres Mathurin Fourault, Nicolas Boisseau, & François Musserotte. Et consideré le nombre des Religieux rebelles, le peu d'asseurance qu'il y a és chambres où nous les auons mis prisonniers, pour n'en auoir trouué d'autres en ladite maison : Apres auoir inuoqué le nom de Dieu, auons ordonné que Frere Mathurin Fourault, Nicolas Boisseau, Ioseph Ribot, & François Isambart, souz bonne & seure garde, seront translatez de cette dite nostre maison, sçauoir, Frere Nicolas Boisseau, & Ioseph Ribot, & nostre maison de sainct Sulpice, & Frere Mathurin Fourault, & & François Isambart : en nostre maison de sainct Martin de Séez, pour y viure en bons Religieux, & souz l'obeisance des

Superieurs de ſeſdites maiſons, leur enioignans, en vertu de ſaincte Obedience, d'obeir auſdits Superieurs, & ſe comporter en vrais Religieux, à peine d'eſtre punis de plus rigoureuſe penitence que celles qui ſont portées par noſtre ſentence du dernier Octobre mil ſix cens trente cinq. Donné en noſtre Maiſon de ſainct Vincent du Mans, en l'acte de noſtre Viſite, le ſecond Nouembre an ſuſdit, ainſi ſigné I. Bournon, Viſiteur general, & Aſtier, Adioinct.

VEv par nous Frere Iean Bournon, humble Abbé de ſainct Hallire, & Viſiteur general de la Congregation de Cheſalbenoiſt, Noſtre procez verbal du trente-vnieſme Octobre mil ſix cens trente cinq, contenant les rebellions faites en noſtre acte de Viſite par Frere Nicolas Prudhommeau, Noel Drouard, Pierre Hardouineau, Mathurin Fourault, Nicolas Boiſſeau, François Muſſerotte, Ioſeph Ribot, François Iſambart, & Iean Royer : Noſtre ſentence au pied dudit procez verbal, portant que les ſuſnommez ſeront mis en priſon, à raiſon de leur rebellion, conformément à nos Statuts. Autre procez verbal du meſme iour, contenant vn autre acte de deſobeiſſance par les deſnommez. Autre procez verbal du premier Nouembre meſme année, contenant auſſi vn autre acte de deſobeiſſance : & comme nous aurions eſté contraints de nous ſeruir du bras Seculier pour l'execution de noſtredite ſentence. Autre procez verbal du ſecond Nouembre meſme année, portant fracture de priſon faite par Frere François Muſſerotte, Mathurin Fourault, & Nicolas Boiſſeau, Noſtre ſentence donnée ſur ledit procez verbal, portant tranſlation deſdits Freres Mathurin Fourault, Nicolas Boiſſeau, Ioſeph Ribot, & François Iſambart, Conſideré les charitables remonſtrances que nous auons faict, & fait faire à tous les ſuſnommez Religieux, L'indulgence que nous auons vſé en leur endroit pour ne leur auoir fait pratiquer entierement noſtre ſentence, ains les auoir fait nourrir & entretenir comme nous meſme : Que neantmoins les ſuſdits Religieux n'auoient teſmoigné aucun acte de recognoiſſance. Ains beaucoup plus obſtinez & rebelles qu'auparauant. Aprés auoir inuoqué le nom de Dieu, auons ordonné derechef qu'ils tiendront priſon, iuſques à ce que Dieu les aura touchez au cœur,& les fera recognoiſtre cependant conformément à nos Statuts, les priuons de voix actiue & paſſiue, iuſques au prochain Chapitre general. Et enioignons au Venerable Pere Abbé, d'auoir ſoin de ſes pauures ames, faire faire continuelle Priere pour eux: bref, faire faire tout ſon poſſible de les remettre à leur deuoir. Faict à noſtre maiſon de ſainct Vincent, dans la concluſion de noſtre Viſite, ce ſixieſme Nouembre mil ſix cens trente cinq, Ainſi ſigné Bournon, Viſiteur general, & à Aſtier, Adioint.

Deliuré par copie, Signé A. Aſtier, Adioint.

Collationné la preſente copie à ſon original à nous repreſenté par Reuerend Pere en Dieu Pere Guillaume Richer, Abbé dudit S. Vincent, auquel l'auons relaiſſé pour y auoir recours, par nous Notaires Royaux au Pays & Comté du Maine, ſouz-ſignez, le dixieſme Nouembre mil ſix cens trente cinq.

G. RICHER.

I. GAVLTIER. FONTAINE.

Collationné à l'original par nous Notaires Royaux ſoubs-ſignez Faict ce iour de mil ſix cens trente-ſix.

ARRESTS DV CONSEIL PRIUÉ DU ROY, PAR LESQUELS LES RELIGIEUX SONT DISPENSEZ D'OBEYR À LEURS SUPERIEURS.

EXTRAICT DES REGISTRES du Conseil Priué du Roy.

SVR la Requeste presentée au Roy en son Conseil, par Freres Nicolas Prudhommeau, Noel Drouard, Pierre Hardouyneau, Ieã Royer, François Mussenotte, Mathurin Fourault, Nicolas Boisseau, Ioseph Ribot, & François Isambart, tous Religieux Profez de l'Abbaye de sainct Vincent du Mans, à ce que pour les causes y contenuë, il plaise à sa Majesté leur permettre de faire informer des excés & violences commises en leurs personnes, injurieux emprisonnemens, & detentions d'icelles, & pour ce faire commettre tel Commissaire qu'il plaira à sadite Majesté: mesme de faire assigner le Pere Iean Bournon, à tous qu'il appartiendra, à certain & competant iour audit Conseil, pour respondre sur le contenu en ladite requeste, à telles fins, reparations, dommages & interests, que de raison: & cependant ordonner que lesdits supplians seront eslargis des lieux & prisons où ils sont detenus, qui leur seront ouuertes, auec commandement à toutes personnes de leur y prester ayde & confort, & defenses audit Bournon & autres, soy disans Superieurs, Procureurs, & Syndics de la Congregation, de mettre ou faire mettre à execution aucuns decrets, faits ou à faire, tant contre lesdits supplians, qu'autres Religieux de la Congregation qui demandent la reformation d'icelle, iusques à ce que par sadite Majesté. Parties ouyes en sondit Conseil, & soit ordonné à ce que defenses soient faites au Lieutenant general, & tous autres Magistrats & officiers de la ville du Mans, d'entreprendre aucune cognoissance desdits differens, circonstances & dependances, & pour proceder, ainsi que de raison. VEV audit Conseil ladite Requeste, Signée de Gachignard. Copie d'Arrest dudit Conseil des vingt deuxiesme Feburier mil six cens trente trois, & vingt-quatre Feburier mil six cens trente-quatre. Copie d'acte d'opposition à la visite dudit Bournon, du vingt-deux Octobre dernier, au pied duquel est l'exploict de signification qui luy en a esté faite du dernier dudit mois, & acte de sommation à la requeste desdits supplians, aux y nommez Clercs Iurez au Greffe du Mans, de desliurer le procez verbal y mentionné audit acte de sommation, à la fin des cinquiesme des presens mois de Nouembre: ledit procez verbal dudit Lieutenant general en la Senechaussée du Maine, du dernier Octoctre. Autre procez verbal du Lieutenant Particulier en ladite Seneschaussée, du premier du present mois de Nouembre. Ouy le sieur President de Pommereuil, Commissaire à ce deputé, en son rapport, & tout consideré. LE ROY EN SON CONSEIL, a commis & commet le sieur de Pommereuil, pour se transporter en ladite Abbaye de sainct Vincent du Mans, & par tout ailleurs où il appartiendra, pour informer du contenu en ladite requeste, & des desordres qui peuuent estre suruenus en ladite Abbaye, & ordonner par prouision ce qu'il iugera necessaire, & ce qui sera par luy ordonné sera executé, nonobstant oppositions, ou appellations quelconques, & sans preiudice d'icelles, desquelles sa Majesté a reserué, & reserue la cognoissance à soy, & à sondit Conseil, pour les informations faites & rapportées, y estre pourueu par le sieur Cardinal Duc de Richelieu, nommé par sa Majesté, aux cinq Abbayes dudit Ordre, lequel sa Majesté a commis à cette fin, & cependant ordonne sadite Majesté, que les nommez Prudhommeau, Drouard, Hardouyneau, Royer, Musserotte, Fourault, Boisseau, Ribot, & Isambart, Religieux de ladite Abbaye, constituez prisonniers, ou transferez, seront mis en liberté, si pour autres causes, que pour fautes commises en la discipline reguliere, ils ne sont retenus, & seront remis en ladite Abbaye de sainct Vincent, nourris & entretenus comme les autres Religieux: Faict sa majesté inhibitions & defences ausdits Bournon & Richer, & tous autres d'vser enuers eux d'aucun mauuais traictemens: mettre ou faire mettre à execution les decrets donnez contre eux, & autres Religieux de ladite Congregation, ny de faire pour raison desdits differens, circonstances & deppendances aucunes poursuittes ailleurs qu'audit Conseil, & à tous Iuges d'en prendre cognoissance à peine de nullité, cassation des procedures, & de tous despens, dommages & interests. Faict au Conseil Priué du Roy, tenu à Paris, le vingt-troisiesme iour de Nouembre mil six cens trente-cinq.

Signé, LE TENNEVR.

LE premier iour de Decembre audit an mil six cens trente-cinq, A la requeste de Frere Nicolas Prud'hommeau, Noël Drouard, & consorts, tous Religieux Profex de l'Abbaye de sainct Vincent du Mans, impetrans de l'Arrest du Conseil Priué du Roy, dont coppie est cy dessus transcripte, qui ont esleu leur domicille pour l'execution d'iceluy en la maison de Maistre Gachinard Aduocat audit Conseil leur Aduocat, en ceste ville de Paris ruë Pauée, proche l'Hostel de Nemours: Ledit Arrest a esté monstré, signifié, d'iceluy baillé la presente coppie aux termes y contenus, & faict les inhibitions & deffenses portées par iceluy, sur les peines y mentionnées, à Frere Guillaume Richer Religieux de l'Ordre de sainct Benoist y desnommé, tant pour luy que pour le Pere Iean Bournon, Freres Pierre Moulay, Guillaume Viel, François Alton, Pierre Rousseau, Noel Iary, Robert Vetillard, & autres Religieux de ladite Abbaye de sainct Vincent du Mans, parlant pour eux tous à la personne dudit Richer, en son domicille en ceste ville de Paris, ruë de la Huchette, en la maison où pend pour enseigne le Chaudron, à ce qu'ils n'en pretendent cause d'ignorance: ausquels parlant ce que dessus conformément & en vertu dudit Arrest domicille esleu, comme dict est, i'ay faict commandement de par le Roy nostre Sire, de mettre en liberté ledit Prud'hommeau, & les nommez Drouard, Hardouyneau, Royer, Musserotte, Fourault, Boisseau,

ſeau, Ribot, & Yſambart, tous Religieux de ladite Abbaye, qui ont eſté conſtituez priſonniers, ou transferez, & les remettre en ladite Abbaye de S. Vincent du Mans, pour y eſtre nourris & entretenus comme les autres Religieux, le tout ainſi qu'il eſt ordonné par ledit Arreſt. Enioignant audit Boucher de faire ſçauoir auſdits Bournon, Moulay, & autres cy-deſſus nommez, à ce qu'ils n'en pretendent cauſe d'ignorance, auquel ay baillé, & laiſſé la preſente copie. Faict par moy Huiſſier ordinaire du Roy en ſes Conſeils d'Eſtat & Priué, ſouz ſigné, TOVRTE.

Collationné à l'original par nous Notaires Royaux ſoubsſigneZ
Faict ce iour de mil ſix cens trente-ſix.

Autre Arrest ainsi que le precedent.

EXTRAICT DES REGISTRES du Conseil Priué du Roy.

SVr la Requeste presentée au Roy en son Conseil par Freres Nicolas Sassier & Gabriel Queru, Religieux de l'Abbaye de sainct Martin de Seez en sa Prouince de Normandie, tendante à ce que entre autres choses, attendu la difformation de la Congregation de Chesalbenoist est toute manifeste, notamment à ladite Abbaye de sainct Martin de Seez, Il plaise à sa Majesté deputer tel Commissaire qu'il luy plaira, pour regler tant le Spirituel, que le temporel de ladite Abbaye, & cependant ordonner que les Religieux prisonniers seront eslargis: Et d'autant que les Supplians ne sont en seureté à la suitte de sadite Majesté, pour les considerations & recherche de la reforme, & sont menacez de prison, & autres mauuais traictement, Il plaise à sa Majesté faire deffences à André le Boucher Abbé, & à tous autres Superieurs, Procureurs & Scyndics de ladite Congregation de mettre ou faire mettre aucuns decrets à execution contre eux, & ordonner qu'ils ce retireront dans le College de Cluny, ou autres Monasteres de la ville de Paris, au Superieur duquel sera payé par aduance par les Fermiers ou autres qui gouuernent le temporel de ladite maison de sainct Martin telles pensions qu'il plaira à sadite Majesté ordonner, tant pour leur viure, vestemens, frais & poursuittes de ladite reformation, qu'autres necessitez, le tout à ce que autrement par sadite Majesté en sondit Conseil parties ouyës en ayt esté ordonné, auec deffences à tous les Iusticiers & Officiers des lieux & autres de prendre cognoissance dudit differend, circonstances & dependances duquel sadite Majesté comme chose conforme à sa pieté se reseruera & à sondit Conseil l'entiere cognoissance. VEV audit Conseil ladite requeste, signée, Sassier, G. Queru, & A. Gachinard, & ouy le sieur de Pommereu Conseiller de sadite Majesté en ses Conseils d'Estat & Priué, Maistre des Requestes ordinaire de son Hostel, & President en son grand Conseil, Commissaire à ce député, en son rapport : & tout consideré. LE ROY EN SON CONSEIL, A commis & commet le sieur de Pommereu pour ce transporter en ladite Abbaye de sainct Martin de Seez, informer du contenu en ladite requeste, & des desordres qui peuuent y estre suruenus, & ordonner par prouision ce qu'il verra estre à faire, & ce qui sera par luy ordonné sera executé nonobstant oppositions & appellatiõs quelconques & sans prejudice d'icelles, desquelles sa Majesté a reserué la cognoissance à soy & à son Conseil, pour ladite information faicte & rapportée y estre pourueu par le sieur Cardinal Duc de Richelieu nommé par sa Majesté pour estre pourueu des cinq Abbayes dudit Ordre, lequel sa Majesté à commis & commet à ceste fin, & cependant ordonne sa Majesté, que les Religieux qui ont esté mis prisonniers en ladite Abbaye de sainct Martin, ou qui auroient esté transferez en autres lieux, seront mis en liberté, si pour autre cause que pour faute concernante la discipline reguliere, ils ne sont retenus, & seront reunis en ladite Abbaye de sainct Martin. Et faict sa Majesté defenses audit le Boucher, & tous autres, de les inquieter & molester, ains de leur administrer leur viure & vestiaires comme aux autres Religieux de ladite Abbaye. Et quand ausdits Sassier & Quereu, ils se retireront dans le College de Cluny de cette ville de Paris, pour y estre nourris & entretenus sur les fruicts de ladite Abbaye de sainct Martin: & à cette fin seront les Fermiers d'icelle contraints de mettre, & dessiurer entre les mains du Pere Prieur dudit College, la somme de quatre cens liures, pour subuenir aux fraiz de leursdites nourritures & entretien : & d'auancer pareillement pour les fraiz necessaires pour le restablissement de la discipline reguliere en ladite Abbaye. Et a sa Majesté fait defenses audit le Boucher, & tous autres, de mettre, ny faire mettre à execution contre lesdits Sassier & Queru, les decrets contr'eux donnez : & à tous Iuges de prendre aucune iurisdiction, ny cognoissance desdits procez, differens, circonstances & dependances, à peine de nullité, cassation de procedures, & de tous despens, dommages & interests. Faict au Conseil Priué du Roy, tenu à Paris le vingt-troisiesme iour de Nouembre mil six cens trente-cinq. Signé, Le Tenneur, auec paraphe.

LOVIS par la grace de Dieu, Roy de France & de Nauarre, A nostre tres-cher & tres-amé cousin le sieur Cardinal Duc de Richelieu, & de Fronsac, Pair de France, & par Nous nommé pour estre pourueu aux cinq Abbayes de la Congregation de Chesalbenoist, & à nostre amé & feal le sieur le Pommereuil, Conseiller en nos Conseils, Maistre des Requestes ordinaire de nostre Hostel, & President en nostre grand Conseil : Salut. Suiuant l'Arrest cy attaché soubs le contre-scel de nostre Chancellerie ce iourd'huy donné en nostre Conseil Priué sur la requeste à nous presentée en iceluy par Freres Nicolas Saffier & Gabr. Queru Religieux de l'Abbaye de sainct Martin de Seez en nostre Prouince de Normandie, Nous mandons à vousdit sieur de Pommereuil vous transporter en ladite Abbaye, informer bien & deuëment des desordres qui peuuent y estre suruenus, ordonner par prouision ce que verrez bon estre, & le faire executer nonobstant oppositions ou appellations quelconques, & sans prejudice d'icelles, desquelles nous reseruons la cognoissance à nous & à nostredit Conseil, & à vousdit sieur Cardinal, que ladite information faite, ayez a y pouruoir ainsi que de raison, de ce faire à chacun de vous comme il appartiendra donnons pouuoir & commission speciale. Commandons au premier nostre Huissier ou Sergent sur ce requis, signifier nostredit Arrest à André le Boucher, & tous autres qu'il appartiendra: afin qu'ils n'en pretendent cause d'ignorance, leur faisant de par nous les deffences y contenuës, & expres commandement de mettre en liberté suiuant iceluy les Religieux qui ont esté mis prisonniers en ladite Abbaye, ou qui auroient esté transferez en autres lieux, les remettre en ladite Abbaye, leur administrer leurs viures & vestiaires comme aux autres Religieux d'icelle : mesmes de mettre & deliurer és mains du Pere Prieur du College de Cluny de ceste ville de Paris la somme de quatre cens liures pour subuenir aux fraiz, nourriture & entretien desdits Supplians, & d'aduancer pareillement les fraiz necessaire pour le restablissement de la discipline reguliere en ladite Abbaye, & en cas de reffus les y contraindre par toutes voyes deuës & raisonnables, & au surplus pour son entiere execution des presentes, & de vos ordonnances, toutes autres significations, assignations, commandemens, deffences, actes & exploicts requis & necessaire, sans demander autre congé, ne permission, CAR TEL est nostre plaisir, nonobstant clameur de Haro, Chartre Normande, prise à partie, & lettres à ce contraires. DONNÉ à Paris, le vingt-troisiesme iour de Nouembre, l'an de grace mil six cens trente-cinq, & de nostre regne le vingt-six, Et plus bas, par le Roy en son Conseil, signé, LE TENNEVR, auec paraphe, Et scellé du grand sceau en cire jaulne, & contre scellé.

LE treiziesme iour de Decembre mil six cens trente-cinq, A la requeste de Freres Nicolas Sassier & Gabriel Queru Religieux de l'Abbaye de sainct Martin de Seez en la Prouince de Normandie, l'ay signifié l'Arrest du Conseil Priué du Roy, & Commission cy attachée, dont coppie est cy dessus, à Freres Pierre Moulay, Zacarie Regnault, Denis le Chartier, Mathurin Laumailler, Charles le Maignen, Guillaume Viel, François Alton, Noel Iary, Robert Vetillard, Iean Noel, Iacques Coignard, Pierre Rousseau, Michel Haton, René Rousseau, Marin Chauuin, & autres Religieux de l'Abbaye de sainct Vincent de ceste ville du Mans, à ce qu'ils n'en pretendent cause d'ignorance, ausquels & à chacun d'eux ay fait les deffences y contenuës, & commandement d'y obeïr incontinent & sans delay, ce faisant de renuoyer & remettre dans ladite Abbaye sainct Martin de Seez Freres Nicolas Thellier, Germain Bougie, Gilles Dauost, & Robert le Hayer, protestant à faute qu'ils feront de ce faire, de se pouruoir par les voyes de droict, & de contrauention au preſent Arreſt. Ce faict par la preſente attache contre la porte de ladite Abbaye ſainct Vincent, parlant au Portier, par moy Huiſſier Audiencier au ſiege Preſidial y demeurant, ſoubsſigné, preſent Iean Bouillon, & Iacques Gaupreau, demeurans audit Mans

Signé, PONDAVY.

Collationné à l'original par nous Notaires Royaux ſoubsſigneZ

Faict ce iour de mil ſix cens trente-ſix.

Autre Arreſt du Priué Conſeil du Roy, en ſuitte des deux precedens.

EXTRAICT DES REGISTRES DV *Conſeil Priué du Roy.*

SVr la requeſte preſentee au Roy en ſon Conſeil par Dom Iacques Mercier, Religieux de l'Abbaye de ſainct Vincent en ladite ville du Mans, Ordre de ſainct Benoiſt, & Congregation de Chezal-benoiſt, lequel pour les cauſes y contenuës, & attendu que ledit Suppliant, Maiſtre Iulian Graſſin Preſtre, Curé de Tuffé, Bertran Pouget Sergent, & Notaire en la Baronie de Tuffé, Mathurin Binault, François Frenet, & autres qui l'ont aſſiſté & ſeruy, ne pouuant eſperer aucune iuſtice des Iuges Preſidiaux du Mans, deſquels le Lieutenant General audit lieu, ennemy du Suppliant, eſt le chef, Il plaiſe à ſa Majeſté receuoir iceluy Suppliant, tant pour luy, que pour tous autres qui y auront interest, oppoſans à l'Arreſt du Conſeil du 29. Mars dernier 1635. obtenu ſous le nom des Religieux & Superieur de l'Abbaye de ſainct Vincent. Et ce faiſant ſans auoir eſgard à iceluy, & à tout ce qui a eſté fait en execution d'iceluy, euoquer à elle & à ſondit Conſeil les differends des parties, & ceux qui ſont nais, & pourront naiſtre cy apres à cauſe des collations, prouiſions, baux, contracts, & toutes charges faites au nom, & par l'ordre dudit Suppliant, ou par ceux qui eſtoient lors ſes officiers, & en interdire toute cognoiſſance auſdits Iuges Preſidiaux du Mans, & renuoyer le tout pardeuant le ſieur de Pommereu, déja commis par ſadite Majeſté pour le fait de ladite Abbaye, auec deffences aux nommez Guillaume Richer, Pierre Rouſſeau, Guillaume Viel, & adherans, ſous quelque nom que ce ſoit, de mettre à execution contre ledit Suppliant, & Dom Matthieu

Chambalu, Dom Iean Boudonnet, & Dom René Bommer, Religieux de ladite Abbaye, les decrets cy-deuant donnez contre eux, ny attenter directement ou indirectement à leurs personnes, ny aussi de proceder ailleurs qu'audit Conseil, & pardeuant ledit sieur Commissaire. Et d'autant que ledit Suppliant a esté spolié par ledit Richer & ses adherans, de toutes sortes de commoditez, & reduit à telle necessité, que luy sexagenaire, & les trois autres Religieux, depuis dix-huict mois en çà ne viuent que des aumosnes & charitez des bons Peres de la Congregation de sainct Maur, & que les presens differends ne se peuuent poursuiure sans faire de grands despens, il plaise à sadite Majesté ordonner par prouision que la somme de deux mil liures sera deliuree audit Suppliant sur les plus clairs & liquides deniers du reuenu de ladite Abbaye de sainct Vincent, tant pour les arrerages de leurs pensions depuis le 5. Iuillet 1634. qu'ils furent expulsez, que pour leur aider à se nourrir. Et lesdits trois Religieux qui sont auec luy ensemble pour la poursuite du procez. Et qu'au payement de ladite somme les Fermiers, & autres qui ont le maniment du reuenu de ladite Abbaye, y seront contraints par toutes voyes deuës & raisonnables, nonobstant oppositions ou appellations quelconques, & sans preiudice d'icelles, dont il plaira à sadite Majesté receuoir la cognoissance. VEV audit Conseil ladite requeste signee le Mercier & Gagignard, coppie d'Arrests dudit Conseil du 22. Feurier 1633. rendu sur les requestes respectiues dudit Suppliant, lesdits Religieux & Conuent de ladite Abbaye eux se disans aggregez & vnis à la Congregation de sainct Maur. Et dudit Guillaume Richer, & Zacharie Renault, Prestres Religienx Profez de ladite Abbaye, sous la reforme & congregation de Chezal-benoist, tant en leurs noms, que comme Procureurs de Marin Leurard, Denys le Chartier, & autres Religieux de ladite Abbaye & Congregation: Et des Escheuins, manans & habitans de ladite ville du Mans: Par lequel auroit esté ordonné que le Concordat d'vnion de ladite Abbaye seroit communiqué au Superieur Visiteur de ladite Congregation de Chezal-Benoist. Et cependant que ledit le Mercier Abbé, auec ses Officiers & Religieux, seroient reintegrez en ladite Abbaye de sainct Vincent, pour y exercer

exercer le deub de leurs charges, comme ils faisoient auant l'emprisonnement dudit le Mercier: Et que lesdits Religieux qui estoient detenus prisonniers seroient eslargis incontinent, & sans delay, & que toutes choses seroient restablies en ladite Abbaye comme elles estoient auparauant ledit jour. Et deffences faites audit Visiteur & Syndic, & Chapitre General de ladite Congregation de Chezal-Benoist, & tous autres, de troubler & empescher ledit Mercier en la iouyssance de ladite Abbaye, & de rien innouer en l'estat d'icelle, auec injonction aux Religieux de porter tout honneur & respect, & obeïssance audit Suppliant, comme à leur Abbé; & à luy de les traicter humainement. Et ordonne que dans quinzaine ledit Richer œconome estably rendroit compte audit Suppliant du maniment qu'il auoit eu de l'administration du temporel de ladite Abbaye: A ce faire contraint par toutes voyes raisonnables. Et deffences aux sieurs Euesque du Mans, & audit Lieutenant General, de prendre cognoissance du different des parties, circonstances, & dependances, à peine de nullité, cassation de procedures, despens, dommages, & interests, ainsi qu'il en auroit esté autrement par sadite Majesté ordonné. Signification d'iceluy à la personne dudit Syndic du 24. dudit mois, auec coppie d'Arrest dudit Conseil rendu sur la requeste dudit Mercier du 18. Mars ensuiuant: Par lequel entre autres choses iteratifues deffences auroient esté faites audit Visiteur & Chapitre General de ladite Congregation de Chezal-Benoist, & à tous autres de rien innouer en l'estat de ladite Abbaye, conformement au susdit Arrest, ny mesme de proceder à l'eslection d'vn nouuel Abbé au lieu dudit Mercier, iusques à ce que parties ouyes, autrement en ait esté ordonné. En suitte duquel est la signification faite d'iceluy au Pere Sanson Visiteur de ladite Congregation, du 20. dudit mois. Coppie d'autres Arrests dudit Conseil contradictoirement donné entre ledit le Mercier Abbé dudit sainct Vincent lez le Mans, & partie des Religieux de ladite Abbaye d'vne part: Et ledit Richer, tant en son nom, que comme procureur de l'autre partie des Religieux de ladite Abbaye. Et entre Dom Ioseph Sanson Abbé de sainct Sulpice de Bourges, & Visiteur General de ladite Congregation de Chezal-benoist. Et les Abbez, Prieurs, & Religieux deladite Congregation Et ledit Suppliant & conforts. Et entre Dom Claude Cotton Religieux de ſainct Germain des prez, & leſdits Richer, Sanſon, Abbez, Prieurs & Religieux de ladite Congregation : par lequel entre autres choſes auroit eſté ordonné, qu'il ſeroit procedé à la reformation, tant de ladite Abbaye de ſainct Vincent, que les autres Abbayes & Prieurez de ladite Congregation de Chezal-benoiſt, conformement à la Regle de ſainct Benoiſt. Et qu'a cet effet dans deux mois pour tout delays, le grand Prieur de Cluny, & Prieur du College de Cluny, auec le Rapporteur du procez, ſe tranſporteroient eſdites Abbayes & Prieurez, & ce qui ſeroit par eux ordonné ſeroit executé, nonobſtant oppoſitions ou appellations quelconques, & ſans preiudice d'icelles, dont ſadite Majeſté s'eſt reſerué la cognoiſſance, & à ſondit Conſeil. Et ordonne qu'il ſeroit par leſdits Commiſſaires dreſſé procez verbal, pour iceluy apporté & veu eſtre par ſadite Majeſté, pourueu ainſi que de raiſon. Exploict de ſignification d'iceluy dés 24. Feurier & 20. Mars 1634. Sentence renduë par leſdits Commiſſaires du 5. Iuillet enſuiuant, par laquelle entre autres choſes ils auroient fait deffences audit Mercier, Bommer, & Boudonnet, de s'immiſſer d'oreſnauant en l'exercice d'Abbé, Prieur, & Celerier de ladite Abbaye. Et aux Religieux d'icelle, & tous autres, de les recognoiſtre, & leur obeir en ladite qualité. Et par prouiſion iuſques à ce qu'autrémẽt en euſt eſté pourueu, cõme a exercer la fonction de Superieur en chef, ledit Richer antique Abbé, & celles de Prieur & Cellerier Freres Robert Veſtillard, & Pierre Rouſſeau. Coppie de Requeſte preſentee audit Lieutenant General du Mans par ledit Richer, ſur laquelle luy auroit eſté permis de faire aſſigner Pierre Frener au premier iour, pour voir ordonner que le bail à luy fait par Mathieu Chamballu cy deuant Celerier, demeureroit nul & reſolu. Et cepẽdant fait deffences audit Frenet de s'immiſſer en la ioüiſſãce dudit bail, iuſqu'à ce qu'en euſt eſté autrement ordonné, du 17. Iuillet 1634. Exploict de ſignification donné audit Frenet en vertu d'icelle du 25. dudit mois. Coppie dudit Arreſt du Conſeil du 29. Mars dernier rendu ſur la requeſte des Religieux & Superieur en ladite Abbaye de ſainct Vincent, Ordre de ſainct Benoiſt, de la Congregation de Chezal-benoist, reformee en France: par lequel entre autres choses, sans s'arrester à l'Arrest du Parlement de Paris du dernier Aoust precedant 1634. les differends des parties pendans & indecis, tant és Requestes du Palais, qu'au Parlement, sont euoquez audit Conseil. Et iceux ensemble l'information faite contre ledit Pouget, Binault, Frenet, & le nommé Graffin, & complices, renuoyees pardeuant les Iuges Presidiaux du Mans, pour estre par eux procedé suiuant la rigueur des Ordonnances souuerainement, & en dernier ressort, ainsi qu'il appartiendra par raison. Et fait deffences audit Mercier, Graffin, Pouget, Binault, Frenet, & tous autres, de se pouruoir ailleurs que pardeuant lesdits Presidiaux du Mans, à peine de mil liures d'amendes, despens, dommages, & interests: Sans preiudice du committimus desdits Regieux & Abbé en autres causes, & les collations & prouisions des benefices, & lesdits baux, contracts, & transactions faites, tant au nom dudit Mercier, que de ses adherans, depuis le concordat par luy fait auec ledit Frere Claude Cotton en qualité de Procureur des Peres de la Congregation de sainct Maur, cassez & annullez, & declarez de nul effet. Et en outre fait deffences audit Mercier de plus prandre qualité d'Abbé ou de Superieur en ladite Abbaye de sainct Vincent, ny de troubler ledit Richer en ladite qualité directement ou indirectement. Exploict d'assignation donné audit Pierre Frenet, audit Presidial du Mans, pour voir ordonner qu'il se departira du bail à luy pretendu fait du lieu de l'asnerie en la parroisse de S. Hillaire le lievre, dependant dudit Prieuré de Tuffé, se voir condamner aux despens, dommages, & interests que Rollande Troüillet vefue de Iean le Roy, fermier dudit lieu pourroit pretendre contre eux, tant en demandant qu'en deffendant, datté du 24. Auril dernier. Deffaut obtenu à l'encontre dudit Frenet audit Presidial du 26. dudit mois. Exploict de signification d'iceluy & d'assignation audit Presidial à luy donné du 12. May ensuiuant. Autre exploict d'assignation à trois briefs iours, donné à la requeste desdits Religieux audit Pouget à comparoir audit Presidial, du 23. dudit mois. Acte d'opposition à l'execution dudit Arrest du 29. May formee par ledit Graffin, signifiee le 12. de Iuin dernier. Coppie de requeste presentee audit Presidial par lesdits Religieux, Abbé & Conuent de sainct Vincent, à ce que sans auoir esgard à ladite opposition, il soit ordonné qu'il sera passé outre à l'execution dudit Arrest: & qu'à faute que ledit Graffin fera de subir interrogatoire, il sera emprisonné. L'ordonnance sur icelle du 5. dernier renduë par iugement souuerain, portant que nonobstant ladite opposition, ou autres oppositions & appellations quelconques, il sera passé outre à l'execution dudit Arrest. Et ce faisant ordonne que ledit Graffin comparoistra en personne pour estre ouy & interrogé, autrement sera pris au corps, & constitué prisonnier. Exploict de signification d'icelle au domicille esleu par ledit Graffin chez son Aduocat dudit iour. Autre coppie d'Arrest du Conseil du 23. Nouembre dernier, renduë sur la requeste de Freres Nicolas Proudommeau, Noël Droüard, Pierre Hardoüineau, & autres, par lequel le sieur de Pommereu a esté commis pour se transporter en ladite Abbaye de S. Vincent, & par tout ailleurs où il appartiendra, pour informer du contenu en ladite requeste, & des desordres qui peuuent estre interuenus en ladite Abbaye, & ordonner par prouision ce qu'il iugera necessaire, & ce qui sera par luy ordonné sera executé nonobstant oppositions ou appellations quelconques, & sans preiudice d'icelles, desquelles sadite Majesté s'est, & à sondit Conseil, reserué la cognoissance, pour ladite information faite & rapportee, y estre pourueu par le sieur Cardinal Duc de Richelieu, nommé par sa Majesté aux cinq Abbayes dudit Ordre, lequel elle a commis à cette fin. Et cependant ordonne que lesdits Proudommeau, Droüard, Hardonneau, Royer, Musserette, Fourault, Boësseau, Ribot, & Ysambart, Religieux de ladite Abbaye constituez prisonniers, ou transferez, seront mis en liberté, si pour autres cas, que fautes commises en la discipline reguliere ils ne sont retenus, & seront remis en ladite Abbaye de sainct Vincent, nourris & entretenus comme les autres Religieux. Et deffences faites audit Bournon, Richer, & tous autres d'vser enuers eux d'aucun mauuais traictemẽt, mettre, ou faire mettre a execution les decrets donnez contre eux, & autres Religieux de ladite Congregation, ny en faire pour raison desdits differends, circonstances, & dependances, aucunes poursuittes ailleurs qu'audit Conseil: Et à tous Iuges d'en prendre

prendre cognoiſſance à peine de nullité, caſſation de procedeures de tous deſpens dommages & intereſts, exploict de ſignification d'iceluy, eſtant en ſuitte fait audit Richer, tant pour luy que pour leſdits Moullay, Viel, Alton, Rouſſeau, Iarray, Vetillard, Iean-Noel & autres Religieux en ladite Abbaye, auec commandement de ſatisfaire audit Arreſt, ce faiſant de mettre en liberté leſdits Proudommeau, Drouard, Hardouineau, Royer, Boiſſeau, Ribot & Iſambart, & les remettre en ladite Abbaye pour y eſtre nourris & entretenus comme les autres Religieux, du premier de Decembre dernier, oüy le rapport du ſieur Commiſſaire à ce deputé. Et tout conſideré, le Roy en ſon Conſeil, ſans auoir eſgard audit Arreſt du 29. Mars 1635. Et à ce qui s'en eſt enſuiuy, a éuoqué & éuoque à ſoy & à ſon Conſeil, les procés & differents deſdites partyes, concernants ladite Abbaye de S. Vincent du Mans, pendants tant au Parlement de Paris, requeſte du Palais, Iuge de Laual Preſidial du Mãs, que par tout ailleurs où beſoin ſera, pour eſtre par luy iugez & terminez ainſi que de raiſon, Et ce qui ſera par luy ordonné, ſera executé, nonobſtant oppoſitions ou appellations quelconques, deſquelles ſi aucunes interuiennent, ſa Majeſté s'eſt reſeruée la cognoiſſance, & en ſondit Conſeil, Et pour cet effet ſa Majeſté luy en à attribué toute Cour, iuriſdiction & cognoiſſance, & icelle interdite à tous autres. Faict au Conſeil priué du Roy, tenu à Paris le dix-huictieſme iour de Ianuier 1635. Signé de CREIL.

LOVIS par la grace de Dieu, Roy de France & de Nauarre, A noſtre amé & feal, Conſeiller en nos Conſeils, Preſident en noſtre grand Conſeil, & Maiſtre des Requeſtes ordinaires de noſtre Hoſtel, Le ſieur de Pemmereu, ſalut par l'Arreſt cy attaché ſous le contreſcel de noſtre Chancellerie, ce-iourd'huy donné en noſtre Conſeil priué, Sur la requeſte de Dom Iacques Mercier Religieux de l'Abbaye de ſainct Vincent du Mans, ordre de ſainct Benoiſt, & congregation de Chezalbenoiſt, à l'encontre des Religieux & Superieurs dudit sainct Vincent. Nous auons sans auoir esgard à l'Arrest du 29. Mars 1635. Y enoncé & à ce qui s'en est ensuiuy, éuoqué, à nous & à nostre Conseil, les procés & differends desdites partyes concernants ladite Abbaye de S. Vincent du Mans, pendant tant au Parlement de Paris, Requeste du Palais, Iuge de Laual Presidial du Mans, que par tout ailleurs, & iceux circonstances & dependances, mesme le cõtenu en ladite re queste renuoyé deuant vous pour estre terminée. A ces causes, Novs vous mandõs que vous ayez à vous transporter en ladite Abbaye, & par tout ailleurs que besoin sera, & proceder au iugement d'iceux ainsique de raison, faire executer ce qui sera par vous ordonné Nonobstant oppositions où appellations quelconques, vous en attribuant à cette fin toute Cour Iurisdiction, & reseruans à nous & à nostredit Conseil, la cognoissance desdites oppositions où appellations, si aucunes interuiennent, & icelle interdisons & deffendons à tous autres Iuges Commandons au premier nostre Huissier ou Sergent sur ce requis, faire expres commandement au Greffier du Parlement de Paris, & à tous autres que besoin sera, de porter ou enuoyer incontinant & sans delay pardeuant vous, moyennant salut raisonnable, les sacz, pieces & procedeures concernants lesdits procez, & en cas de reffus les assigner deuant vous, pour en dire les causes, & s'y voir condamner si faire se doit, és despens dommages & interests, de qui il appartiendra. Et au surplus pour son entiere execution, toutes autres significations, assignations, commandemens, deffences actes & exploicts requis & necessaires, sans demander autre congé ne permission : Car tel est nostre plaisir. Donné à Paris le 18. Ianuier, l'an de grace 1636. & de nostre regne le 26. Signé Par le Roy en son Conseil de Creil, & scellé en simple queuë du grand sceau de cire jaune & contrescellé.

L'An mil six cens trente six, le dix-septiéme iour de Mars, à la requeste dudit Pere Mercier desnommé en l'Arrest & Commission, dont coppie est cy-dessus : I'ay Huissier ordinaire du Roy en son Hostel, soubs-signé iceluy Arrest & Commission auroit esté signiffié & laissé la presente coppie aux Peres Guillaume Richer, tant pour luy que pour frere Pierre Rousseau, Guillaume Veal, & autres Religieux leurs adherans, parlant à sa personne en son domicille à Paris, en la maison où il est à present logé, ruë de la Huchette, ou pend pour Enseigne le Chauderon, à ce qu'ils n'en pretendent causes d'ignorance. Faict par

SIGNIFICATION FAICTE PAR VN Sergent au Reuerend Pere Abbé de sainct Martin de Sees, à la requeste de frere Alleron, Prieur & consorts Religieux de ladite Abbaye de sainct Martin de Sees, par laquelle ils luy declarent qu'ils ne le recognoissent plus pour Abbé, ny Supperieur de ladite Abbaye, le tout fait en consequẽce des trois precedents Arrests.

IOurdan Noel Huissier du Roy, exploictant par toute la France, residant à Paris, certifie que ceiourd'huy Vendredy quatriesme iour de Ianuier mil six cens trente six, auant midy, à la requeste de Reuerend Pere Endieu, Dom Frere François Alleron, Prieur Claustral de l'Abbaye de sainct Martin, & des freres François Legros, Guillaume Richer, Dauid de Geauino, Nicolas Sassier, Laurens Cheron, Robert Potier, Nicolas Tellier, Germain Bougis, Gabriel Queru, Gilles Dauoust, Iean Boulleuier, & Simon Thuillard, tous Religieux profez d'icelle Abbaye, ie sommé & interpellé frere André Boucher, l'vn des Religieux de ladite Abbaye, faire ostẽtion lecture & montree ausdits requerants, soit en leur particulier, ou en general, dans le Chappitre & Communauté de ladite Abbaye, des Lettres patentes du Roy, où autre pouuoir, en vertu duquel il pretend auoir la superiorité & commandement d'Abbé, sur tous les Religieux de ladite Abbaye, luy declarant qu'à faute de leur faire lecture desdites pieces, & de sondit pouuoir ils ne le recognoistront pour leur Supperieur, ne luy porteront aucune deference ne respect, que celuy cõmun entre lesdits Religieux: le Sõmant derechef de faire obstẽtion, lecture & mõtree desdites pieces, en vertu desquelles il à pretendu par le passé de iouyr de ladite superiorité en ladite Abbaye, & pretend encor s'en esioüyr, nonobstant l'Arrest contraire donné au Priué Conseil du Roy, & les commandemens & deffences expresses de Monseigneur l'Eminentissime Cardinal Duc de Richelieu, par protestation, qu'à faute de ce faire par ledit le Boucher, & d'en faire sa protestation expresse, ils ne le recognoistront que comme l'vn des autres Religieux, & qu'ils aduertiront mondit Seigneur le Cardinal, de ce qu'il se pourroit faire au preiudice. Ledit exploict fait à la stipulation desdits Tellier & Queru presents en personne, parlant a Guillaume Gaignerot portier ordinaire en ladite Abbaye trouué à la porte d'icelle Abbaye chargé de le fairé sçauoir audit le Boucher, afin qu'il n'en pretende cause d'ignorance, lequel Gaignerot a dit qu'il estoit allé trouuer ledit le Boucher, qui est de present dans l'vne des chambres de l'infirmerie, auquel il auroit denõcé le present exploict, & que ledit le Boucher luy auroit donné charge de prẽdre tous les exploicts qu'on luy foroit tenir, & les luy porter, auquel Gaignerot le present exploict a esté baillé presẽce de Maistre Louys Aubry, Charles de la Vallees, de Sees, & autres tesmoins. Signé, NOEL & d'AVBRY, auec paraphes.

AVTRE SOMMATION FAICTE AVdit Pere André le Boucher, Abbé par les susdits Sassier & Queru, pour mesme fin que la precedente, & en consequence des susdits Arrests.

A La requeste de frere Nicolas Sassier, & Gabriel Queru Religieux profez de l'Abbaye de sainct Martin de Sees, stipulé par ledit Sassier, ié sommé & interpellé frere André Boucher aussi Religieux de ladite Abbaye, de me mettre entre les mains presentement & sans delay les coppies de tous les procés verbaux, sentences, decrets contre eux donnez à faute dequoy ils se pouruoiront par les voyes qu'ils aduiserõt bon estre, & a peine de tous despens dommages & interests : Soit aussi audit Boucher fait inhibitions & deffences de s'attribuer aucune qualité d'Abbé, ny faire aucunes fonctions en cette qualité, à peine de nullité & contrauention, suiuant qu'il est porté par les

Arrests des vingt-huictiesme Aoust mil six cens trente quatre, & vingt-troisiesme Nouembre mil six cens trente cinq. DONNE' au priué Conseil du Roy, & autrement se pouruoir contre ledit Boucher ainsi que de raison, & recourir contre luy toutes pertes, dommages & interests, SASSIER.

FAict comme dessus par moy Huissier Sergent à Verge au Chastelet de Paris, soub-signé audit Boucher en parlant à sa personne en la maison où pend pour Enseigne le Chaudron, size à Paris ruë de la Huchette, le douziesme iour de Ianuier mil six cens trente six, du matin &, luy ay laissé coppie de tout ce que dessus, presens les tesmoins en mon original, lequel Boucher n'a voulu faire aucune responce, au moyen dequoy est procedé comme dessus. MAVREAV.

AVTRE SOMMATION FAICTE AV-dit Pere Boucher, à la requeste de frere Nicolas Sassier & Gabriel Queru, de ne prendre plus qualité d'Abbé, ny d'en faire aucunes fonctions.

A La requeste de frere Nicolas Sassier, & Gabriel Queru Religieux de l'Abbaye de sainct Martin de Sees: Soit d'abondant en reiterant la sommation cy-deuant faicte, derechef sommé & interpellé frere André le Boucher, aussi Religieux d'icelle Abbaye, de mettre entre les mains desdits Sassier & Queru, & sans delay, toutes les coppies des procez verbaux, sentences, & decrets & Ordonnances dõnées contre lesdits Sassier & Queru, à faute dequoy faire ils protestent qu'ils se pouruoiront comme ils aduiseront bon estre, & de tous despens, dommages & interests, & aussi à la requeste que dessus, & comme procureurs des Religieux & Conuent de ladite Abbaye, ledit le Boucher n'aye à prendre aucune qualité d'Abbé d'icelle Abbaye, ny se mesler d'en faire aucunes fonctiõs à peine de contrauention de tous despens dommages & interests, suiuant & conformément aux Arrests donnez le 28. Aoust 1634. & 23. Nouemb. 1635. Signé, SASSIER, auec paraphe.

FAict la sommation, & interpellation cy-dessus; par moy Sergent à Verge au Chastelet à Paris, soubs-signé le 28. Ianuier audit le Boucher parlant à sa personne, trouué à la Monjoye place aux Veaux, lequel a fait refus de satisfaire à la presente sommation, au moyen dequoy ie luy ay declaré que partis se pouruoiront aux protestations susdites, à ce qu'il n'en ignore point, present les tesmoins dénommez en mon original. Signé, HVET auec paraphe.

AVTRE ACTE DES FRERES NICOLAS Prod'hommeau & consors, tous Religieux de l'Abbaye de sainct Vincent du Mans, par lequel ils declarent au Reuerend Pere Richer Abbé de ladite Abbaye, qu'ils ne le recognoissent point pour Abbé, ny Superieur de ladite Abbaye, le tout en consequence desdits precedents Arrests.

NOVS freres Nicolas Prod'hommeau, Noel Droüard, Pierre Hardouyneau, Iean le Royer, François Musserotte, Mathurin Fourault, René Rousseau, Nicolas Boisseau, Iacques Coignar, Ioseph Ribot, Marin Chauuin, François Ysambart, Religieux profez en l'Abbaye de sainct Vincent du Mans soubs la congregation de Chesal-benoist, soub-signéz declarons que nous ne recognoissons & n'entendons recognoistre le Pere Guillaume Richer aussi Religieux profez d'icelle pour Abbé de ladite Abbaye, ny luy obeïr en cette qualité, tant pour raison que ledit Richer n'a point lettres de confirmation, où visa selon la coustume, & qu'il y est obligé par la teneur des priuileges, du moins ne les a faict voir ny exhibé capitulairement ny autrement dans le temps porté par iceux, ny depuis iusques à huy, ioinct que ledit Richer depuis le temps de sa pretenduë institution qui fut au mois de Mars mil six cent trante cinq, & demeur à Paris ruë de la Huchette, où pend pour enseigne le Chaudron, il n'a faict aucune residence en ladite Abbaye, sinon d'enuiron six sepmaines, ny faict aucunes fonctions de ladite charge, ayant passé enuiron huict ou neuf mois, auec deux ou trois de ses adherans en courses, promenades à cheual, faisant de grandes depenses & superfluës en bonnes cheres, & autres plusieurs excez qu'il a commis, & faict commettre en nos personnes, & pour lesquelles nous protestons nous pouruoir pardeuant Monsieur le Commissaire deputé par sa Majesté pour descendre dans ladite Abbaye : mais plus specialement non seulement à raison de ladite pretenduë institution dudit Richer en ladite charge d'Abbé : mais encores de son autre institution precedente en qualité de Superieur, estably en ladite Abbye par ordonnance de Monsieur Thiersault, soustenans que lesdites institutions pretenduës ne sont legitimes ny canoniques, mais sont nulles & abusiues pour auoir esté faictes par personnes n'ayans l'authorité ny les qualitez requises à ce faire, & contre la teneur prescritte de Bulles Apostoliques, & mesmes contre les constitutions de la congregation de Chesalbenoist & contre la pratique & forme accoustumée en icelle, & consequemment les fonctions qui s'en sont ensuiuies, s'y aucunes il a faict en vertu de ladite Institution, & autres raisons que nous deduirons en temps & lieu, protestans ne porter autre respect ny defference audit Richer, que comme à l'vn des autres Religieux selon son rang de profession, faict en ladite Abbaye, le vingt-vniesme iour de Feurier mil six cent trente six, signez Proud'hommeau, Droüard, Hardouyneau, le Royer, Musserotte, Fourault, Rousseau, Boisseau, Coignard, Ribot, Chauuin & Ysambart.

Du vingt-vniesme iour de Feurier mil six cent trente six.

PArdeuant nous René Ponteny & René Biseray, Notaires Royaux au Mans, y residens Paroisse & Faux-bourg de la Coulture, furent presens & personnellement establis les susdits

dits freres, Nicolas Proud'hommeau, Noël Droüard, Pierre Hardouineau, Iean le Royer, François Muſerotte, Mathurin Fourault, René Rouſſeau, Nicolas Boiſſeau, Iacques Coignard, Ioſeph Ribot, Marin Chauuin, François Yſambart, Religieux profez de ladite Abbaye de ſainct Vincent du Mans, ſoubs ladite congregation de Cheſal-benoiſt, ſoubmettant leſdits, leſquels ont recognu le ſoub-ſigné cy deſſus, veulent & entendent qu'il ſorte effect, dont les auons Iugez, & pour le faire ſignifier audit Richer & tous autres ont conſtitué le porteur des preſentes, & tout autre que beſoin ſera, leur Procureur General & ſpecial, & generalement promettant-leſdits obligeans, & faict & paſſé en ladite Abbaye leditiour & an, & ſont ſignez en la minutte des preſentes auec nous Notaires ſuſdits, leſdits Prod'hommeau, Droüard, Hardouyneau, le Royer, Muſſerotte, Fourault, Rouſſeau, Boiſſeau, Coignard, Ribot, Chauuin, & Yſambart, & ainſi ſignez, BISERAY & PONDAVY.

AVTRE ACTE DES F. MATTHIEV Chambalu, Iean Boudonnet, & René Bommer, Preſtres Religieux de l'Abbaye de ſainct Vincent du Mans, par lequel ils declarent au Reuerend Pere Richer Abbé de ladite Abbaye, qu'ils ne le recognoiſſent point pour Abbé, ny Superieur de ladite Abbaye, le tout en conſequence deſdits precedents Arreſts.

NOvs freres Mathieu Chambalu, Iean Boudonnet & René Bommer Preſtres & Religieux profez en l'Abbaye de ſainct Vincent du Mans, ſoubs la congregation de Cheſal-benoiſt, ſoubſignez, declarons que nous ne recognoiſſons & n'entendons recognoiſtre le Pere Guillaume Richer auſſi Preſtre, & Religieux profez d'icelle, pour Abbé de ladite Abbaye, ny luy obeyr en cette qualité, tant pour raiſon que ledit Richer n'a point lettre de confirmation au viſa, ſelon la couſtume, & qu'il y eſt obigé par la teneur des priuileges, comme il n en a faict voir aucun, ny exhibé, capitulairement ny autrement dans le temps porté par iceux, ny depuis iuſques à huy, joint que ledit Richer depuis le temps de ſa pretenduë inſtitution qui fut au mois de Mars mil ſix cent trente cinq, & dernier, à Paris ruë de la Huchette, ou pend pour enſeigne le Chaudron, n'ayant fait qu'vn petit voyage en ladite Abbaye, qui n'a duré que ſix ſepmaines, ny faict aucune fonctions de ladite charge, ayant paſſé huict a neuf mois auec deux ou trois deſdits adherans, en courſes & promenades a cheual faiſait de grandes impenſes & ſuperfluës en bonne cheres & autres pluſieurs excez, qu'il a commis & fait commettre en nos perſonnes, & pour leſquelles nous proteſtons nous pouruoir pardeuant Monſieur le Commiſſaire deputé par ſa Majeſté pour deſcendre dans ladite Abbaye: mais plus ſpecialement non ſeulement à raiſon de ladite pretenduë inſtitution dudit Richer en la charge d'Abbé: mais encore de ſon autre inſtitution precedente en qualité de Superieur, eſtably en ladite Abbaye par ordonnance de Monſieur Thierſault, ſoubſtenans que leſdites inſtitutions pretenduës, ne ſont legitimes, ny Canoniques: mais ſont nulles & abuſiues pour auoir eſté faictes par perſonnes, n'ayant l'anthorité ny les qualitez requiſes à ce faire, & contre la teneur preſcripte & bulles Apoſtoliques, & meſmes contre les inſtitutions de ladite congregation de Cheſal-benoiſt, & contre la praticque & forme accouſtumée en icelle, & conſequemment les fonctions qui s'en ſont enſuiuies ſi aucunes il a faict en vertu de ladite inſtitution, & autres raiſons que nous deduirons en temps & lieu, pour toutes leſquelles choſes proteſtons ne porter autre reſpect ny defference audit Richer que comme à l'vn des autres Religieux ſelon ſon rang & profeſſion, laquelle preſente declaration, nous faiſons en adherens à celle faite par nos Confreres Religieux de ladite Abbaye pardeuant Biſeray & Pondauy Notaires au Mans, & en conſequence dequoy nous entendons nous pouruoir en temps & lieu, ainſi que de raiſon, ſoit par interuention en l'inſtance pendant au priué Conſeil de ſa Maieſté, en execution des arreſts y donnés, en laquelle entre autres choſes il s'agit de la nullité, & caſſation de la procedure faite par ledit ſieur Thierſault, par lequel ledit Richer pretend auoir eſté inſtitué Superieur, ou autrement, ainſi que de raiſon. Fait à Paris ce premier Mars mil ſix cens trante ſix, ſigné F. M. Chambalu, I. Boudonnet & Bommer Preſtres. Et plus bas eſt eſcrit.

AVIourd'huy pardeuant les Notaires & Gardes nottes du Roy noſtre Sire en ſon Chaſtelet de Paris, certifions que leſdits Freres Mathieu Chambaulu, Iean Boudonnet, & René Bommer, ont recognu auoir fait la declaration cy-deſſus, qu'ils ont ſignée, fait ſous leurs ſeings accouſtumez, & à laquelle ils perſiſtent, dont & dequoy requierent pour leur ſeruir en temps que beſoin ſera, ainſi que de raiſon. A eſté fait & paſſé la preſente en l'eſtude des Notaires, l'an mil ſix cens trente-ſix, le dix-ſeptieſme Mars auant midy, & ont ſigné auec Tronſſon & le Moine Notaires.

F. M. CHAMBAVLV. BOVDONNET. BOMMER.

L'An mil ſix cens trente-ſix, le dixſeptieſme iour de Mars, à la requeſte deſdits Freres Nicolas Proud'hommeau, Matthieu Chambalu, & autres Religieux deſſus nommez és actes, dont coppie eſt cy-deſſus: I'ay Huiſſier ordinaire du Roy en ſon Chaſtelet de Paris ſoubſigné, iceux actes monſtrez, ſignifiés, & baillé la preſente cõmiſſion audit P. Guillaume Richer, auſſi y deſnommé, parlant à ſa perſonne en ſon domicille à Paris, en la maiſon où il eſt à preſent logé, ruë de la Huchette, ou pend pour enſeigne la chaudron, à ce qu'il n'en ignore. Fait par moy MARGAT.

www.ingramcontent.com/pod-product-compliance
Lightning Source LLC
LaVergne TN
LVHW012020160826
845678LV00002B/946

* 9 7 8 2 3 2 9 6 5 1 8 3 5 *